Die Deutsche Bibliothek - CIP-Einheitsaufnahme
Lebherz, Heike:
Sichtweisen. Positive Gedanken zu Mensch & Pferd / Heike Lebherz. -
Warendorf : FN-Verl. der Dt. Reiterlichen Vereinigung, 2002
ISBN 3-88542-385-5

1. Auflage 2002

TEXTE
Heike Lebherz, Ofterdingen

FOTOS
Sina Kaschlaw, Ofterdingen: Titelfoto und Seiten 7, 15, 17, 21, 23, 29, 33, 39, 45, 47
Studio Lebherz, Ofterdingen: Seiten 3, 5, 11, 13, 19, 25, 27, 31, 35, 37, 41, 43, 49 und Autorenfoto

LEKTORAT
Dr. Carla Mattis, **FN***verlag,* Warendorf

GESAMTGESTALTUNG
mf-graphics, Marianne Fietzeck, Gütersloh

LITHOGRAPHIE
Scanlight GmbH, Marienfeld

DIGITALE BOGENMONTAGE, DRUCK, VERARBEITUNG
MediaPrint, Paderborn

ISBN 3-88542-385-5

Heike Lebherz

Sichtweisen

Positive Gedanken zu Mensch & Pferd

FNverlag
der Deutschen
Reiterlichen Vereinigung

Bedeutung

Manche
ganz kleinen Dinge
sind
im Leben
von
großer Bedeutung!

Sonnig

Ich wünsche dir
die Sonne im Herzen,
denn
dann scheint sie für dich
auf der ganzen Welt!

Mit
D I R
befreundet zu sein,
heißt nicht:
D I C H zu mögen
und alle anderen nicht mehr,
sondern
alle weiterhin zu mögen
und
D I C H
besonders!

Erkenntnis

Der Wert
deiner Person
wird letztendlich
n i c h t
am Luxus deiner Kleidung,
der Größe deines Hauses
oder
der Dicke deiner Brieftasche
gemessen,
sondern an
den kleinen Taten,
die sich im Laufe der Jahre
summieren!

Werte

Klugheit
erschöpft sich nicht darin,
mathematische Formeln
aneinander zu reihen.

Klugheit ist
- abwägen zu können zwischen
  guten und schlechten Prinzipien
- sich geistige Beweglichkeit zu erhalten
- das Wesentliche vom Unwesentlichen
  unterscheiden zu können

und
mit offenen Augen
durch´s Leben zu gehen!

Klugheit

Ein Team
besteht mindestens aus
„Zweien“.
Klar, gibt es da auch
unterschiedliche Meinungen.

Der Schlüssel, der trotzdem
zum Erfolg führt
ist:

Das gleiche Ziel vor Augen zu haben!

Teamgeist

Wenn du
zurückblickst,
tu´ es wohl wollend.
Die Vergangenheit
kannst du
nicht ändern.
Wohl aber deine
Grundeinstellung
zum Leben.
Wenn diese
positiv
ist, wird es auch
deine Zukunft sein!

Rückblicke

Manche Tage im Leben
scheinen dir
schlimme Tage zu sein.
Voller Zweifel und Ängste,
voller Sorgen und Probleme.
Aber vergiss nie,
jeder Sonnenaufgang
gibt dir eine Chance,
aus diesem neuen Tag
einen glücklichen Tag
zu machen.
Nutze sie!!!

Anfang

Vertrauen

Wenn du mir dein
Vertrauen
gibst –
schenk´ ich es dir
doppelt zurück!

Kennst du das?

Du nimmst etwas Wunderschönes
wahr
und hast kurz und heftig das Gefühl,
etwas
Warmes berührt mit zarter Hand
dein Herz,
stupst dich hauchfein an,
um sich dann sanft und leise
wieder zurückzuziehen.

Wenn du dein Herz geöffnet hälst,
wird es dich wieder besuchen!

Herzlich

„Völlerei“ ist was Geniales,
immer nur „Fasten“ was Banales.

Doch merke dir,
ob Mensch, ob Tier:

ständig m a ß l o s e r Genuss,
führt sehr oft zum Überdruss!

Und wirst du (weil zu dick) echt krank,
wünscht du dir nur, wär´ ich doch schlank.
Drum´ hau ab und zu so richtig rein
und lass´ es hin und wieder auch mal sein!

Verhältnis-Mäßigkeit

Ich wünsche dir

(Takt) – stets im Umgang mit deinen Mitmenschen
den richtigen Takt zu finden

(Losgelassenheit) – das Gespür zu haben,
wann du auch mal etwas loslassen musst

(Anlehnung) – in deiner Nähe immer eine
liebevolle Schulter zum Anlehnen

(Schwung) – genug Schwung holen zu können,
für jede neue Hürde des Alltags

(Geraderichten) – gerade und aufrecht
durch´s Leben zu gehen

(Versammlung) – und bis zu dessen Ende
viele liebe Freunde
um dich versammelt zu haben!

Ausbildungsskala
(des Lebens)

Mit „Stil“ zu leben
heißt auch:
Ruhig mal mit anpacken,
sich schmutzig machen,
die „Designer-Jeans“ mit dem Leben
konfrontieren.
Und das, ohne darüber zu jammern.

Das hat Stil!

Stil-Leben

Fröhlichkeit

Ein
fröhliches Gesicht
zu machen,
birgt
die größte Chance,
auch
in ebensolches
zu schauen!

Schattenseiten

Ja,
das Leben hat auch
Schattenseiten.

Aber mal ehrlich,
selbst die können uns
faszinieren!

Schärfe deine Sinne!
Nimm den Geruch, den Duft
um dich herum wahr.

Lausche den Klängen der Natur.
Sieh sie dir genau an, deine Umgebung.

Wenn du es schaffst,
all´ deine ungenutzten Antennen
wieder zu aktivieren,
wirst du
mit allen Sinnen
erkennen,
wie schön die Welt ist!

Sinnlich

Vergiss nie,
jeden Abend, wenn die
Dämmerung kommt,
all deinen Freunden
eine gute Nacht zu wünschen.
Dann stell´ dir vor,
wenn das jeder macht,
wie viel „Gute-Nacht-Wünsche“
auch D U bekommst.

Na, wenn das kein erholsamer
und behüteter Schlaf wird ...!

Abend-stimmung

Wenn du hoch hinaus willst,
im Leben,
schaff´ dir eine gute, solide Basis.

Von der es sich leicht abfedern lässt,
wenn du zum Sprung ansetzt.
Die breit und stabil genug ist,
dich aufzufangen,
wenn´s nicht auf Anhieb klappt.
Und weich und warm,
um arge Blessuren zu vermeiden.

Egal, wie oft du wieder ´runterkommst,
hör´ nie damit auf
nach oben zu wollen!

Höhenflug

Beliebt wirst du nicht
durch
wildes Gestikulieren,
unhaltbare Versprechungen
oder großartige Prahlereien.

Es sind die
leisen Töne
und
kleinen Gesten,
die Freunde schaffen!

Leise

Glück
kann man nicht
in Schachteln packen
und aufbewahren.

Aber man kann
vieles dazu beitragen,
immer,
wenigstens ein bisschen davon
im Haus zu haben!

Glück

Warum
brauchen wir Menschen
meistens Wegweiser,
um den Pfad
vom
Kopf zum Herz
zu finden?

Andere Wesen
haben da keine
Orientierungs-Schwierigkeiten!

Orientierung

Wenn du vertraute Wege verlässt,
kann es sein,
dass du viele Umwege gehen musst,
es kann sein,
du gerätst in unwegsames Gelände,
kann sein,
du hast ein paar schwierige Passagen
vor dir,
aber
es kann a u c h sein,
dir eröffnen sich wunderbare
neue Horizonte.

Trau dich!

Vertraute Wege

Geschenke

Eines der kostbarsten Geschenke,
das wir heutzutage
machen können
ist:

Uns **Zeit**

für unsere Freunde zu nehmen!

Wenn du einmal
Abschied nehmen musst,
wovon auch immer,
wird man sich mehr an dich
erinnern,
wenn du deine
eigenen Spuren
hinterlässt,
als wenn du in denen
anderer
gewandelt wärest.

Abschied